# LA NOUVELLE LOI MILITAIRE

## ET LES DISPENSÉS

### DES

## ÉCOLES NATIONALES D'AGRICULTURE

### ET DE

## L'INSTITUT NATIONAL AGRONOMIQUE

PAR

## ROBERT NITHARD

SECRÉTAIRE DE LA DIRECTION

A L'ÉCOLE NATIONALE D'AGRICULTURE DE GRIGNON

PARIS

LIBRAIRIE NONY & Cie

17, RUE DES ÉCOLES, 17

1894

# LA NOUVELLE
# LOI MILITAIRE

## ET LES DISPENSÉS

### DES

## ÉCOLES NATIONALES D'AGRICULTURE

ET DE

## L'INSTITUT NATIONAL AGRONOMIQUE

PAR

## ROBERT NITHARD

SECRÉTAIRE DE LA DIRECTION
A L'ÉCOLE NATIONALE D'AGRICULTURE DE GRIGNON

---

PARIS

LIBRAIRIE NONY & C<sup>ie</sup>

17, RUE DES ÉCOLES, 17

1894

# PRÉFACE

Les dispositions de la loi militaire du 15 juillet 1889 et du décret du 24 novembre de la même année, en ce qui concerne les élèves des Ecoles nationales d'agriculture (1), sont souvent insuffisamment connues ou mal comprises par les intéressés. Plusieurs d'entre eux, victimes de leur ignorance ou de leur négligence à cet égard, ont été retenus sous les drapeaux, après une année de service, faute d'avoir produit en temps utile les pièces exigées par l'autorité militaire, ou de s'être conformés à telle autre des prescriptions de la nouvelle loi.

Afin de prévenir le retour de ces graves inconvénients, susceptibles de compromettre l'avenir des jeunes gens en cause, il m'a paru utile d'appeler leur attention sur la rigueur des exigences de l'autorité militaire et sur l'obligation où ils se trouvent d'accomplir *strictement* et, *dans les délais fixés*, les formalités prescrites, s'ils veulent bénéficier des dispositions édictées en leur faveur par l'article 23 de la loi.

Dans le but de les éclairer d'une façon précise sur la nature de ces formalités et de leur faire connaître les époques auxquelles les certificats ou diplômes (voir les modèles à la fin de cette brochure) donnant

---

(1) Et aussi de l'Institut national agronomique, car tout ce que nous disons ici des écoles d'agriculture s'applique à l'Institut agronomique. La seule différence qui existe a trait à la moyenne des points donnant droit au diplôme : cette différence est explicitement relatée.

droit à la dispense doivent être présentés, ainsi que l'autorité devant laquelle ces titres doivent être produits dans les divers cas prévus, j'ai pensé qu'il convenait de condenser, d'une façon toute spéciale, dans un petit livre, tous les renseignements les plus récents pouvant intéresser les jeunes gens de nos Ecoles, au point de vue militaire.

Je me suis donc efforcé de rendre cette modeste brochure aussi claire et aussi précise que possible.

Tous les cas y sont d'ailleurs prévus, aussi bien pour les candidats admis et les élèves en cours d'études que pour ceux qui ont obtenu le diplôme.

J'insiste toutefois sur ce point capital :

Les jeunes gens pour lesquels les causes de dispense naissent entre leur comparution devant le conseil de revision et la date à laquelle ils doivent rejoindre leur corps, peuvent réclamer le bénéfice de la dispense, mais sous la *condition expresse* de produire les pièces justificatives de leur droit au commandant du bureau de recrutement *avant incorporation*. Cela revient à dire que :

Les intéressés doivent présenter leurs pièces au *conseil de revision* si leur droit à la dispense existe au moment où ils se présentent devant *ce conseil*;

Ou, le cas échéant, *au commandant du bureau de recrutement de leur région avant la mise en route*.

Et maintenant, si mon but est atteint, je serai heureux d'avoir été utile, en cette circonstance, à nos futurs agronomes.

Grignon, le 1er octobre 1894.

NITHARD.

EXTRAITS

DE LA

# LOI

## DU 15 JUILLET 1889

### SUR LE RECRUTEMENT DE L'ARMÉE

ART. 16. — L'examen des tableaux de recensement et le tirage au sort sont faits au chef-lieu de canton, en séance publique, devant le sous-préfet assisté des maires du canton.

Dans les communes qui forment un ou plusieurs cantons, le sous-préfet est assisté du maire et de ses adjoints.

Dans les villes divisées en plusieurs arrondissements, chaque arrondissement est représenté par un officier municipal.

. . . . . . . . . . . . . . . . . . . . . . . . . . .

ART. 23. — **En temps de paix, après un an de présence sous les drapeaux, sont envoyés en congé dans leurs foyers, sur leur demande, jusqu'à la date de leur passage dans la réserve..... les jeunes gens qui ont obtenu ou qui poursuivent** leurs études en vue d'obtenir..... le diplôme supérieur délivré par..... l'institut national agronomique, les écoles nationales d'agriculture de Grandjouan, de Grignon et de Montpellier,....

. . . . . . . . . . . . . . . . . . . . . . . . . . . . .

Tous les jeunes gens énumérés ci-dessus seront rappelés pendant quatre semaines dans le cours de l'année qui précédera leur passage dans la réserve de l'armée active (1). Ils suivront ensuite le sort de la classe à laquelle ils appartiennent.

. . . . . . . . . . . . . . . . . . . . . . . . . . . .

ART. 24. — **Les jeunes gens qui n'auraient pas obtenu avant l'âge de vingt-six ans le diplôme** spécifié à l'article 23 ;

Ceux qui n'auraient pas satisfait, dans le cours de leur année de service, aux conditions de conduite et d'instruction militaire déterminées par le ministre de la guerre ;

Ceux qui ne poursuivraient pas régulièrement les études en vue desquelles la dispense a été accordée ;

**Seront tenus d'accomplir les deux années de service dont ils avaient été dispensés.**

ART. 25. — Quand les causes de dispenses prévues aux articles..... 23 viennent à cesser, les jeunes gens qui avaient obtenu ces dispenses sont soumis à

_______________

(1) En aucun cas on ne peut être dispensé de cette période d'activité, mais on peut obtenir des ajournements (Voir l'*Annuaire de la Jeunesse.*)

toutes les obligations de la classe à laquelle ils appartiennent.

ART. 26. — La liste des jeunes gens de chaque département, dispensés en vertu des articles....., 23, sera publiée au *Bulletin administratif*, et les noms des dispensés de chaque commune seront affichés dans leur commune à la porte de la mairie.

En cas de guerre, ils sont appelés et marchent avec les hommes de leur classe.

ART. 33. — Après que le conseil de revision a statué sur les cas d'exemption, ainsi que sur toutes les réclamations auxquelles les opérations peuvent donner lieu, la liste de recrutement cantonal de la classe est définitivement arrêtée et signée par le conseil de revision.

ART. 40. — La durée du service compte du 1er novembre de l'année de l'inscription sur les tableaux de recensement, et l'incorporation du contingent doit avoir lieu, au plus tard, le 16 novembre de la même année.

## Dispositions spéciales applicables aux jeunes gens résidant à l'étranger (1).

ART. 50. — En temps de paix, les jeunes gens qui, avant l'âge de dix-neuf ans révolus, ont établi leur

---

(1) Ces dispositions ne pourraient intéresser les élèves sortant des écoles nationales d'agriculture qu'autant qu'ils y seraient entrés à l'âge minimum d'admission (16 ans et demi au 1er octobre.)

résidence à l'étranger, hors d'Europe, et qui y occuperont une situation régulière, pourront, sur l'avis du consul de France, être dispensés du service militaire pendant la durée de leur séjour à l'étranger. Ils devront justifier de leur situation chaque année.

S'ils rentrent en France avant l'âge de trente ans, ils devront accomplir le service actif prescrit par la présente loi, sans toutefois pouvoir être retenus sous les drapeaux au-delà de l'âge de trente ans. Ils sont ensuite soumis à toutes les obligations de la classe à laquelle ils appartiennent.

S'ils rentrent après l'âge de trente ans, ils ne seront soumis qu'aux obligations de leur classe.

Pendant la durée de leur établissement à l'étranger, ils ne pourront séjourner accidentellement en France plus de trois mois, et sous la réserve d'aviser le consul de leur absence.

## Dispositions spéciales applicables aux jeunes gens résidant en Algérie ou dans certaines colonies.

ART. 81. — Les dispositions de la présente loi sont applicables dans les colonies de la Guadeloupe, de la Martinique, de la Guyane et de la Réunion.

Elles sont également applicables en Algérie et dans toutes les colonies non désignées au paragraphe précédent, mais sous les réserves suivantes :

En dehors d'exceptions motivées....., les Français et naturalisés Français résidant en Algérie ou dans l'une des colonies autres que la Guadeloupe, la Martinique, la Guyane et la Réunion, sont incorporés dans les corps stationnés, soit en Algérie, soit aux colonies, et, après une année de présence effective sous les drapeaux, envoyés dans la disponibilité s'ils ont satisfait aux conditions de conduite et d'instruction militaire déterminées par le ministre de la guerre.

S'il ne se trouve pas de corps stationné dans un rayon fixé par arrêté ministériel, ces jeunes gens sont dispensés de la présence effective sous les drapeaux. Dans le cas où cette situation se modifierait avant qu'ils aient atteint l'âge de trente ans révolus, ils accompliraient une année de service dans le corps de troupe le plus voisin.

## Des engagements volontaires.

Art. 59. — Tout Français ou naturalisé Français.... peut être admis à contracter un engagement volontaire dans l'armée active, aux conditions suivantes :

L'engagé volontaire doit :

1º .... S'il entre dans l'armée de terre, avoir dix-huit ans accomplis et au moins la taille réglementaire d'un mètre cinquante-quatre centimètres ;

2º N'être ni marié, ni veuf avec enfants ;

3º N'avoir jamais été condamné pour...

4º Jouir de ses droits civils ;

5º Être de bonnes vie et mœurs ;

6º S'il a moins de vingt ans, être pourvu du consentement de ses père, mère ou tuteur ; ce dernier doit être autorisé par une délibération du conseil de famille.

. . . . . . . . . . . . . . . . . . . . . . . . . . .

L'engagé volontaire est tenu, pour justifier des conditions prescrites aux paragraphes 3°, 4° et 5° ci-dessus, de produire un extrait de son casier judiciaire et un certificat délivré par le maire de son dernier domicile.

S'il ne compte pas au moins une année de séjour dans cette commune, il doit également produire un autre certificat du maire de la commune où il était antérieurement domicilié.

Le certificat doit contenir le signalement du jeune homme qui veut s'engager, et mentionner la durée du temps pendant lequel il a été domicilié dans la commune.

. . . . . . . . . . . . . . . . . . . . . . . . . . .

La durée de l'engagement volontaire est de trois, quatre ou cinq ans.

**L'engagé volontaire qui remplira l'une quelconque des conditions fixées par l'article 23 pourra bénéficier des dispositions dudit article, après un an de présence sous les drapeaux, à la condition que la demande ait été formulée au moment de l'engagement (1).**

---

(1) Les dispositions de cet avant-dernier alinéa de l'article 59 ont été édictées par la loi du 11 juillet 1892, modifiant sur ce point celle du 15 juillet 1889. Avec l'interprétation qui était donnée par l'autorité militaire au texte primitif de la loi, les élèves. diplômés des écoles

Le service militaire compte du jour de la signature de l'acte d'engagement.

ART. 62. — Les engagements volontaires sont contractés dans les formes prescrites par les articles 34, 35, 36, 37, 38, 39, 40, 42 et 44 du Code civil, devant les maires des chefs-lieux de canton.

Les conditions relatives à la durée de ces engagements sont insérées dans l'acte même.

Les autres conditions sont lues aux contractants avant la signature, et mention en est faite à la fin de l'acte.

---

nationales d'agriculture ne pouvaient pas, comme maintenant, s'engager pour faire immédiatement leur année de service militaire : ils étaient obligés d'attendre le départ de leur classe.

# EXTRAITS DU
# DÉCRET
## DU 23 NOVEMBRE 1889

PORTANT RÈGLEMENT D'ADMINISTRATION PUBLIQUE

---

Art. 1ᵉʳ. — Sont, sur leur demande (*modèle* A, page 22), envoyés ou maintenus définitivement en congé dans leurs foyers, jusqu'à la date de leur passage dans la réserve, pourvu qu'ils aient une année de présence sous les drapeaux, les jeunes gens qui obtiennent ou ont obtenu un des diplômes, titres, prix ou récompenses mentionnés au paragraphe 2° (1) de l'article 23 de la loi du 15 juillet 1889, soit avant leur incorporation, soit pendant leur présence sous les drapeaux à titre d'appelés, soit pendant leur séjour en congé dans leurs foyers dans les divers cas prévus par les articles 21, 22 et 23 de ladite loi.

Les jeunes gens qui ont obtenu avant leur comparution devant le conseil de revision un de ces diplômes, titres, prix ou récompenses, doivent produire au conseil les pièces officielles constatant cette obtention.

---

(1) Les quatre premières lignes de la page 6 font partie du § 2° de l'article 23 de la loi.

Pour les jeunes soldats présents sous les drapeaux, l'envoi en congé est prononcé par l'autorité militaire sur le vu des diplômes ou pièces officielles. Pour les jeunes gens présents dans leurs foyers avant leur incorporation, ou qui y sont envoyés en congé, la dispense est également prononcée par l'autorité militaire, après remise des pièces justificatives au commandant du bureau de recrutement de la subdivision de région à laquelle appartient le canton où ils ont concouru au tirage au sort. Dans ces deux derniers cas, la production des pièces justificatives doit avoir lieu dans le mois qui suit l'obtention des diplômes, titres, prix ou récompenses.

ART. 2. — Sont considérés comme pourvus du diplôme supérieur, au point de vue de la dispense de service militaire prévue par l'article 23 de la loi du 15 juillet 1889 :

1º En ce qui concerne l'institut national agronomique, les soixante élèves français classés à la sortie en tête de la liste de mérite, pourvu qu'ils aient obtenu, pour tout le cours de leur scolarité, 70 p. 100 au moins du total des points que l'on peut obtenir d'après les règlements de cette école ; il est fait mention sur les diplômes du rang de classement et du nombre de points obtenus par le titulaire ;

2º En ce qui concerne les autres écoles du Gouvernement dans lesquelles on entre par voie de concours, savoir..... les écoles nationales d'agriculture du Grand-Jouan, de Grignon et de Montpellier,. ...
**les jeunes gens compris dans les quatre**

premiers cinquièmes de la liste de mérite de ceux des élèves français qui ont obtenu, pour tout le cours de leur scolarité, 65 p. 100 **au moins du total des points que l'on peut obtenir** d'après les règlements de ces écoles ; il est fait mention sur les diplômes du rang de classement et du nombre des élèves français ayant obtenu le nombre minimum de points fixé ci-dessus.

ART. 18. — Les élèves de l'institut national agronomique, ..... les élèves des écoles nationales d'agriculture du Grand-Jouan, de Grignon et de Montpellier, justifient de leur admission et de leur présence dans ces écoles par des certificats délivrés par le directeur de l'école à laquelle ils appartiennent. et visés par le ministre de l'agriculture (*modèle G*, p. 23).

## Dispositions générales

ART. 35. — Les pièces justificatives que les jeunes gens doivent produire à l'appui de leurs demandes (*modèle A*, p. 22) sont présentées : 1° au conseil de revision ; 2° au commandant du bureau de recrutement, avant l'incorporation, si ces pièces n'ont été délivrées qu'après la comparution de l'intéressé. La dispense est prononcée, dans le premier cas, par le conseil de revision, et, dans le second cas, par l'autorité militaire, sur le vu desdites pièces justificatives.

ART. 36. — Les dispensés doivent produire, du 15 septembre au 15 octobre de chaque année, jusqu'à l'âge de vingt-six ans, au commandant du bureau de recrutement de la subdivision à laquelle appartient le canton où ils ont concouru au tirage, les certificats prévus (*modèle G*), dans le but d'établir qu'ils continuent à remplir les conditions sous lesquelles la dispense leur a été accordée.

ART. 37. — L'année de service imposée aux jeunes gens dispensés en vertu des articles 21, 22 et 23 de la loi du 15 juillet 1889 doit être uniquement consacrée à l'accomplissement de leurs obligations militaires ; sous aucun prétexte ils ne pourront être détournés de ces obligations ni recevoir des exemptions de service à l'effet de poursuivre leurs études.

# APPLICATION

DES

## DISPOSITIONS DE LA LOI ET DU DÉCRET

Les jeunes gens visés par l'article 23 (p. 5) de la loi militaire se divisent en deux catégories bien distinctes :

1° Ceux qui *ont obtenu* le diplôme supérieur ;

2° Ceux qui poursuivent leurs études *en vue de l'obtenir*.

Nous allons examiner successivement les dispositions relatives à chacune de ces deux catégories de dispensés.

## I. — LES DIPLOMÉS

Les élèves diplômés des écoles nationales d'agriculture qui n'ont pas encore accompli leur année de service militaire peuvent se trouver dans l'une des deux situations suivantes :

1° Avoir tiré au sort dans l'année où ils ont obtenu leur diplôme ;

2° N'avoir pas encore tiré au sort.

**Premier cas** : *élève tirant au sort au cours de sa dernière année d'études.* — L'élève qui se trouve dans cette situation n'est généralement pas encore en possession de son diplôme au moment où il comparaît devant le conseil de revision ; il n'a donc pas acquis le droit à la dispense *définitive*. Mais son droit *éventuel* n'en devra pas moins être constaté par le conseil de revision. Pour cela, l'intéressé devra, au moment de son inscription sur les listes de recrutement, déposer à sa mairie : 1° sa demande de dispense (*modèle A*, p. 22); 2° la preuve de son admission et de sa présence à l'école (*modèle G,* p. 23). Sur le vu de ces deux pièces, le conseil de revision prononcera la dispense *provisoire*. Quant à la dispense *définitive,* elle ne sera prononcée qu'après la remise — au commandant du bureau de recrutement de la subdivision dans laquelle l'intéressé a tiré au sort — non pas du diplôme lui-même, qu'on n'exige pas, mais d'une copie légalisée de ce diplôme (v. p. 24).

**Deuxième cas** : *élève n'ayant pas encore tiré au sort.* — Le diplômé qui n'a pas encore tiré au sort peut, ou s'engager (1) et faire immédiatement son année de service militaire, ou partir avec sa classe.

a) S'il s'engage, il pourra bénéficier des dispositions de l'article 23, **pourvu**, conformément à l'avant-dernier alinéa de l'article 59 de la loi (p. 10), **que la demande ait été formulée au moment de l'engage-**

---

(1) Les engagements des jeunes gens qui demandent à bénéficier de l'article 23 ne sont plus reçus que pour les régiments d'infanterie.

**ment.** Et la demande **écrite** (*modèle A*, p. 22) est obligatoire, sous peine de déchéance. Encore faut-il absolument que cette demande soit mentionnée dans l'acte d'engagement lui-même, comme le prescrit une circulaire du Ministre de la Guerre en date du 21 juillet 1892 : « Les actes d'engagement devront... porter mention de ces demandes et des pièces justificatives produites, qui seront annexées à la minute de l'acte. »

L'accomplissement de cette formalité est d'une importance capitale pour les intéressés.

Quant à la pièce à joindre à la demande, c'est, comme nous l'avons dit plus haut, une *copie* légalisée du diplôme (V. p. 24).

b) Si le diplômé ne veut partir qu'avec sa classe, il devra, au moment de son inscription sur les listes de recrutement, déposer à sa mairie :

1° sa demande de dispense (*modèle A*) ;

2° une copie légalisée de son diplôme.

## II. — LES ASPIRANTS AU DIPLOME

L'article 23 de la loi accorde la dispense conditionnelle de deux années de service militaire non seulement aux élèves diplômés des écoles nationales, mais encore aux *élèves qui poursuivent leurs études en vue d'obtenir ce diplôme.*

Bien entendu, ne sont considérés comme poursuivant leurs études dans ce but, que les élèves admis après concours dans une école nationale d'agriculture, et non les élèves étudiant en vue d'entrer dans une de ces écoles.

Si les aspirants au diplôme éprouvent quelquefois un certain embarras à se rendre compte de leur situation future vis-à-vis de la loi militaire, c'est parce qu'ils s'obstinent à dire : « J'ai dix-huit ans et demi, dix-neuf ans et trois mois, vingt ans moins quinze jours... », au lieu de dire simplement : « **Je suis né en telle année** ». Dans l'armée, on ne compte pas par mois, ni par semaines, encore moins par jours ; on compte par *classes*. Tous les jeunes gens nés du 1er janvier au 31 décembre de la même année font partie de la même classe, qui porte le nom du millésime de l'année. Tous ceux qui sont nés du 1er janvier au 31 décembre 1874 ont eu vingt ans dans le courant de l'année 1894 ; ils font partie de la classe 1894, qui tire au sort en 1895 et est appelée sous les drapeaux en 1895 (généralement en novembre).

Quelle que soit la nature des études que fait un jeune homme , quels que soient les diplômes qu'il possède ou dont il poursuit la conquête, il ne peut pas différer son arrivée sous les drapeaux au-delà de l'époque à laquelle sa classe est appelée. S'il a fait son service militaire auparavant, comme engagé, il peut être en règle ; mais il ne peut dans aucun cas obtenir un sursis pour faire son service militaire plus tard que ne le font les jeunes gens de sa classe (à moins, bien entendu, qu'il ne soit ajourné pour inaptitude physique).

Un élève n'ayant pas encore fait son service militaire et qui vient de subir avec succès les épreuves du concours d'admission à une école nationale d'agriculture ; qui devrait, normalement, venir suivre l'enseignement de cette école au mois d'octobre de l'année du concours, peut se trouver dans l'une des deux situations suivantes :

1° *Être âgé de moins de 18 ans au moment de la mise en route de la classe* (cette mise en route a lieu vers le milieu de novembre). — Ces élèves ne peuvent s'engager ; ils doivent faire sans interruption leurs deux années et demie d'études.

2' *Etre âgé de 18 ans avant la mise en route de la classe*. — Les engagements volontaires au titre de l'article 59, avant-dernier alinéa, de la loi du 15 juillet 1889 (alinéa modifié par la loi du 11 juillet 1892 — v. p. 10) sont reçus, chaque année, à partir du 1er octobre, et ils cessent de l'être à partir de la date de la mise en route des hommes d'un an de la classe (1). Mais les élèves des Ecoles nationales d'agriculture ne peuvent pas profiter de tout ce délai : ceux qui veulent s'engager doivent le faire dans les premiers jours d'octobre, afin d'être envoyés en congé au bout d'un an assez à temps pour pouvoir arriver dans leur école pour l'ouverture des cours, qui a lieu vers le 10 octobre pour les élèves de 1re année.

---

(1) De la classe 1894 si l'on est en 1895.

Les élèves qui sont en âge de s'engager ne sont d'ailleurs pas tenus de le faire. Ils peuvent, s'ils ne doivent tirer au sort qu'au cours de leur troisième année d'études, ne faire leur service militaire qu'après l'obtention de leur diplôme.

Ceux qui doivent tirer au sort au cours de la première ou de la seconde année d'études peuvent ne partir qu'avec leur classe : leurs études seront alors découpées par une année de service militaire. C'est ce que les élèves robustes tout au moins chercheront à éviter en s'engageant.

Les élèves qui s'engagent doivent présenter au maire la demande de dispense (*Modèle A*, p. 22) et le certificat (*Modèle G*, p. 23) ; ceux qui partent avec leur classe présentent ces pièces au conseil de revision.

## OBSERVATION GÉNÉRALE

Toutes les pièces à remettre à l'autorité militaire peuvent être faites *sur papier libre*, d'un format ordinaire quelconque, mais suffisant pour contenir le texte et les signatures.

# MODÈLES

## COMPLETS

---



**MODÈLE** de demande de dispense à déposer par les jeunes
gens qui se trouvent dans les situations déterminées par l'article
25 de la Loi du 15 juillet 1889.

Je soussigné *Nathalon, Jean, Emile*
né le *7 Janvier     1873*
à *Bournonville*
canton de *Desvres,*        département *du Pas-de-Calais,*
domicilié à *l'Ecole Nationale d'Agriculture de Grignon,*
*comme élève*
résidant à *Bournonville (Pas-de-Calais)*
fils de *Joseph, Auguste, Louis*
et de *Madeleine, Marthe, Thirias*
domiciliés à *Bournonville*
canton de *Desvres,*        département *du Pas-de-Calais,*
appelé par la loi du 15 juillet 1889 sur le recrutement de
l'armée à concourir au tirage au sort de la classe *de 1893*
dans le canton *de Desvres,* département *du Pas-de-Calais,*
demande à bénéficier de la dispense prévue par l'article
23 de ladite loi, et dépose à l'appui de cette demande la
pièce ci-jointe (A).
Fait à *Grignon,* le *8 octobre 1894*
*Nathalon.*

Vu pour légalisation de la signature du sieur Nathalon.
*Thiverval, le 15 octobre 1894.*
Le maire,
*Fréville.*

(A) Joindre à cette demande. savoir :
1° Si l'élève est admis à l'Ecole ou } le Certificat modèle G ci-contre.
s'il y suit les cours.
2° Si l'élève est sorti diplômé dans } une copie **légalisée** du diplôme.
les 4 premiers cinquièmes des
élèves français.

# CERTIFICAT

Modèle G

Articles 12 à 25 du décret
du 23 Novembre 1889.

Nous soussigné, Directeur de l'Ecole nationale d'Agriculture de Grignon, certifions que le sieur *Nathalon, Jean, Emile*, né le *7 janvier 1873*, à *Bournonville*, canton de *Desvres*, département du *Pas-de-Calais*, fils de *Joseph, Auguste, Louis* et de *Madeleine, Marthe, Thirias*, domiciliés à *Bournonville*, canton de *Desvres*, département du *Pas-de-Calais*, appelé par la loi du 15 juillet 1889 sur le recrutement de l'armée à concourir au tirage au sort de la classe de *1893* dans le canton de *Desvres*, département du *Pas-de-Calais*, est actuellement *élève de* 1re *année* à l'Ecole de Grignon, *à laquelle il a été admis le 8 octobre 1894*.

Fait à Grignon, le *8 octobre 1894*.

Vu :
Le Ministre de l'Agriculture,

Modèle d'une copie légalisée du Diplôme.

RÉPUBLIQUE FRANÇAISE

MINISTÈRE DE L'AGRICULTURE

# Écoles Nationales d'Agriculture

## DIPLOME

Le Ministre de l'Agriculture,

Vu le procès-verbal des opérations du Jury d'examen de l'Ecole d'Agriculture de *Grignon*, pour l'année 1894, duquel il résulte que *M. Monodoy, Charles, Joseph*, né à *Saint-Denis (Seine)*, le *8 Mai 1873*, a satisfait aux examens de fin d'études et qu'il a été classé le *seizième* sur *cinquante* élèves français qui ont obtenu 65 p. 0/0 au moins du total des points susceptible d'être atteint,

Accorde à M. *Monodoy* le présent Diplôme.

Fait à Paris sous le sceau du ministère de l'Agriculture, le *15 avril 1894*.

Le Conseiller d'Etat, Directeur de l'Agriculture,
Signé : E. Tisserand.

Le Ministre de l'Agriculture,
Signé : Viger.

Délivré par le Directeur de l'Ecole
le *18 avril 1894*.
Signé : E. Philippar.          Signature de l'Impétrant,
Signé : *Monodoy*.

Pour copie conforme à l'original qui nous a été présenté et immédiatement retiré.

A *Saint-Denis*, le *1er Mai 1894*.

Le Maire,

Nº d'enregistrement à l'Ecole : *809*
Nº d'enregistrement au Ministère : *904*

# Librairie NONY & C<sup>ie</sup>, Rue des Écoles, 17, à Paris.

**Annuaire de la Jeunesse** par H. Vuibert. Guide des familles et des jeunes gens, notamment de ceux qui veulent se diriger vers les écoles d'agriculture. — Un vol. in-12 de 1112 pages ; broché, 3 fr., cart., 4 fr., relié . . . . . . . . . . . . . . . . . . . . . . 5 fr.  »

**Composition française (La)** AUX EXAMENS ET AUX CONCOURS par F. Lhomme et Edouard Petit, professeurs au lycée Janson. — Un beau vol. in-8° de 504 pages, renfermant toutes les indications nécessaires pour la préparation de l'épreuve de composition française du concours des écoles d'agriculture . . . . . . . . . 4 fr.  »

**Ecoles nationales d'agriculture** (Programme des conditions d'admission aux) . . . . . . . . . . . . . . . . . . . . . . . . 0 fr. 30

**Institut agronomique** (Programme des conditions d'admission à l') . . . . . . . . . . . . . . . . . . . . . . . . . . . . . . 0 fr. 30

**Instruction ministérielle sur l'aptitude physique au service militaire** et SUR L'APTITUDE PARTICULIÈRE AUX DIFFÉRENTES ARMES. — Broch. in-12, de 96 pages . . . . . . . 0 fr. 50

**Journal de Mathématiques élémentaires.** H. VUIBERT, rédacteur. 19° année. In-4°. Abonnement annuel . . . 5 fr.  »

**Manuel du Baccalauréat** de l'enseignement secondaire classique (2<sup>e</sup> partie, 2<sup>e</sup> série) et de l'enseignement secondaire moderne (2<sup>e</sup> partie, 3<sup>e</sup> série). — 3 vol. in-16, élégamment cartonnés 10 fr.  »

On vend séparément :
*Mathématiques.* . . . . . . . . . . . . . . . . . . . . . . . . 5 fr.  »
*Physique et Chimie* . . . . . . . . . . . . . . . . . . . . . 3 fr.  »
*Philosophie et Histoire* . . . . . . . . . . . . . . . . . . . 2 fr.  »

**Problèmes de baccalauréat ès lettres** par l'abbé J. LOURDAN. — Un vol. in-12 renfermant des problèmes de mathématiques de la même force que ceux proposés aux concours des Ecoles d'agriculture . . . . . . . . . . . . . . . . . . . . . . . . . 2 fr.  »

**Sujets de Concours** pour l'admission aux **Ecoles nationales d'agriculture.** Concours de 1889 à 1894, avec développements et solutions des problèmes. — In-8° . . . . . . . . . . 1 fr. 75

9 782014 036541